Copyright © 2013 **Carmen Martínez Jover**
www.carmenmartinezjover.com

Copyright des illustrations © 2014 **Rosemary Martínez**
www.rosemarymartinezartdesign.com.mx

ISBN: 978-607-00-8421-8

La quête de Somy, l'histoire d'un choix de devenir mère célibataire.
1ère édition, novembre 2014

Histoire: Carmen Martínez Jover
Dessin et Illustrations: Rosemary Martínez
Mise en page: Abelardo, Mary Carmen Zepeda & Víctor Nieto
Traduction: Christina Mackenzie , christina.mackenzie@wanadoo.fr

Un remerciement spécial à:
Sandra K Dill A, PDG Access Australia www.access.org.au
Président, iCSi communauté de patients www.icsicommunity.org
Sandra de la Garza, fondatrice, www.ami-ac.com, auteur "Cuando tarda la Cigüeña" (Quand la Cigogne Tarde)
Rosa Maestro, fondatrice, www.masola.org, auteur "Cloe quiere ser Mama" (Chloé veut être maman)

Tous droits réservés. Ce livre ne peut être reproduit, ni en partie ni dans sa totalité, ni le texte, ni les illustrations, sous aucune forme, sans la permission écrite de l'auteur.

Je dédie cette histoire avec toute mon admiration aux mères seules par choix qui dansent avec amour au rythme quotidien de la vie pour élever leurs enfants.
Carmen

Dédié aux courageux qui s'efforcent d'atteindre leurs rêves
Rosemary

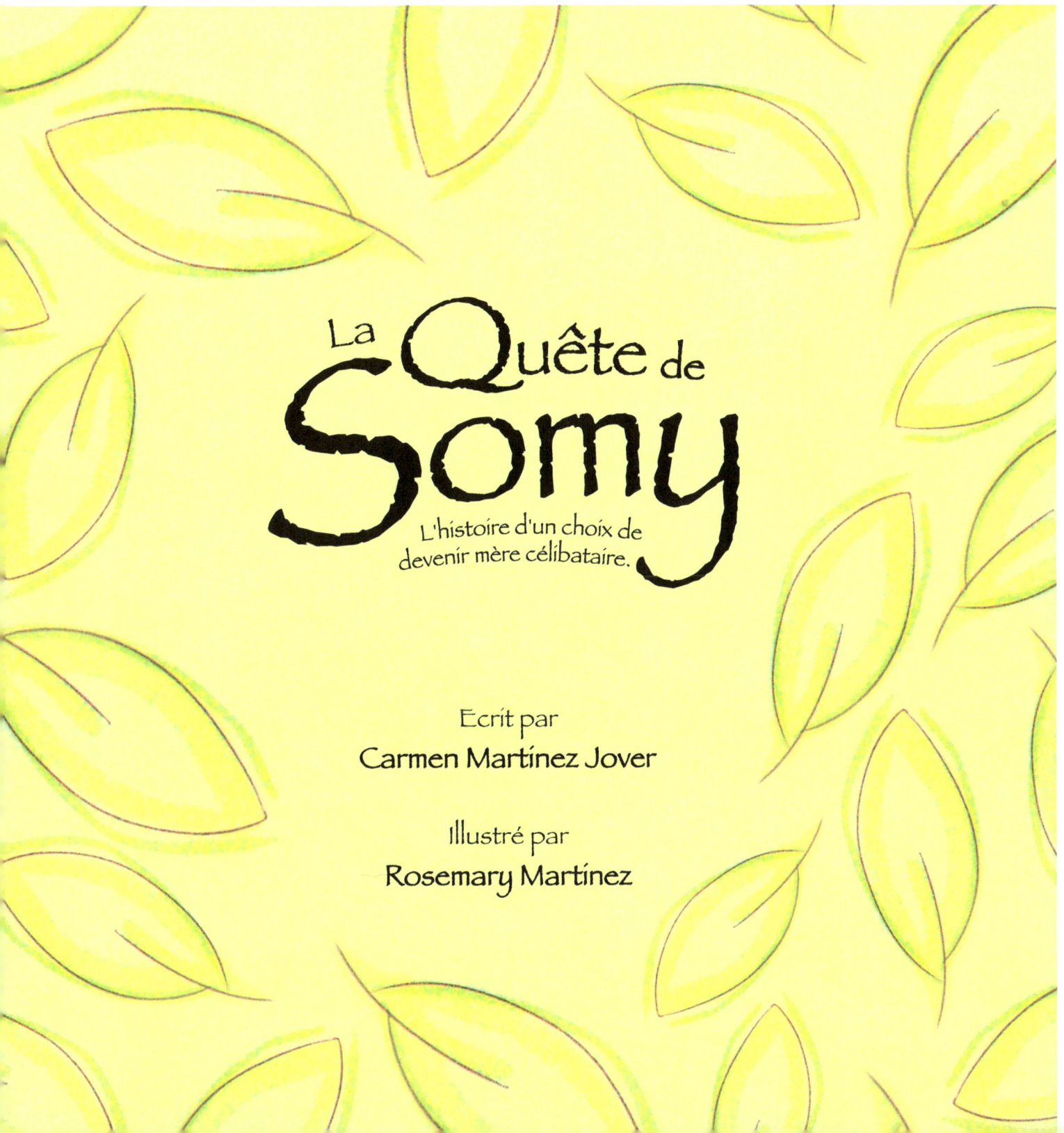

La Quête de Somy

L'histoire d'un choix de devenir mère célibataire.

Ecrit par
Carmen Martínez Jover

Illustré par
Rosemary Martínez

Il était une fois une écureuil intelligente et sympathique nommée Somy, d'après Somilge, déesse de la magie.

Elle habitait un arbre confortable qu'elle avait aménagé à son goût.

Somy aimait les enfants et elle en voulait un elle-même.

Un soir, tandis que Somy et sa voisine Doris rangeaient la maison après la fête d'anniversaire de Somy, celle-ci dit :

« Doris, je vieillis et je veux vraiment avoir un bébé écureuil. Je sens que le temps me rattrape. »

Et c'est comme cela que Somy commença à chercher l'âme sœur et elle rencontra :

Henri Hérisson
et
Charmant Chihuahua...

et
Oie Obligeant

et
Riant Renard...

"Ah! Doris, je suis fatiguée. J'ai rencontré plein de compagnons possibles mais aucun n'a conquit mon cœur. Et puis, en plus, il n'y en pas un qui ferait un bon papa, dit Somy.

Je suis inquiète Doris. Je sens que je deviens trop âgée pour avoir un bébé et qui si j'attends plus longtemps je ne pourrais peut-être jamais avoir un enfant.»

«Bon, dit Doris, tu as raison: plus le temps passe, plus tes ovules et ton utérus vieillissent et plus il devient difficile de tomber enceinte.

Pourquoi ne chercherais-tu pas du sperme d'un donneur?»

« Pour avoir un petit écureuil, dit Doris, il te faut : du sperme, un ovule et un utérus.

Tu as déjà un ovule et un utérus, alors tout ce qu'il te manque c'est le sperme. Et ça tu peux l'avoir dans une banque de sperme. »

Alors Somy l'Ecureuil prit rendez-vous avec le Dr Amare qui lui ouvrit la banque de sperme et lui en donna.

Dans la clinique, le Dr Amare mit doucement ensemble dans une éprouvette l'ovule de Somy et le sperme donné et veilla patiemment dessus jusqu'à ce que la fertilisation eu lieu et qu'ils fusionnent, formant un embryon qui est le début d'un bébé.

Quand l'embryon commença à se développer, le Dr Amare le mit avec soin dans l'utérus de Somy l'écureuil où il continua à grandir... et grandir... et grandir.

et puis dans l'utérus
de Somy le petit bébé écureuil
continua à grandir… et grandir…
et grandir.

Les amis de Somy et sa famille étaient tellement contents qu'elle soit enceinte qu'ils organisèrent une petite fête pour lui offrir tout ce dont elle aurait besoin pour son bébé.

Et finalement
Somy devint maman!

Le petit bébé écureuil était né!
Comme il était beau et désiré ce bébé!
Ensemble ils formèrent une famille
très heureuse.

Autres livres par:
Carmen & Rosemary Martínez Jover

Disponible sur:
www.amazon.com
www.carmenmartinezjover.com

Je veux avoir
un enfant!

Recettes pour savoir
comment sont faits les bébés*

Un tout petit petit
Cadeau de Vie: girls, boys*

La Chasse au Trésor
pour un Bébé Kangourou

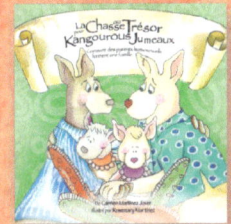

La Chasse au Tresor pour
Kangourous Jumeaux*

* Disponible en:
English, Español, Français, Italiano,
Português, Svenska, Türkiye, Česky, Русский & Nederlands

Milton Keynes UK
Ingram Content Group UK Ltd.
UKHW052016040823
426371UK00003B/46